Impressum
Verlag: BABADADA GmbH, Nedderfeld 112 , 22529 Hamburg
Geschäftsführer / Verlagsleitung: Harald Hof
Druck: Books on Demand GmbH, In de Tarpen 42, 22848 Norderstedt

Imprint
Publisher: BABADADA GmbH, Nedderfeld 112 , 22529 Hamburg, Germany
Managing Director / Publishing direction: Harald Hof
Print: Books on Demand GmbH, In de Tarpen 42, 22848 Norderstedt

1

phaphosi borutelo / classe

kgaoganya / dividir

186/2

boroto / tauler

jarata ya sekolo / pati (de l'escola)

morutabana / professor

pampiri / paper

kwala / escriure

pene / estilogràfica

tafole / escriptori

ruler / regle

buka / llibre

baithuti / estudiant

kgetsana ya dibuka
bossa

setsenya dipensele
estoig

pensele
llapis

seseta pensele
maquineta de fer punta

sephimola
goma

boto ya go torowa
bloc de dibuix

2

torowa

dibuix

boratšhe jwa pente

pinzell

bokose ya pente

capsa de pintures

dikere

tisores

sekgomaretsi

cola

buka ya go kwalela

quadern d'exercicis

tirogae

deures

palo

nombre

tlhakanya

afegir

kgaoganya

sostreure

atisa

multiplicar

khalkhuleitara

calcular

lekwalo

lletra

alfabete

alfabet

lefoko

mot

mafoko

text

bala

llegir

choko

guix

thuto

lliçó

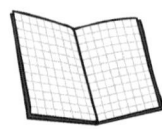

rejistara

llibre de classe

tlhatlhobo

examen

setifikeiti

certificat

diaparo tsa sekolo

uniforme escolar

thuto

formació

encyclopedia

enciclopèdia

unibesithi

universitat

mikoroskoupo

microscopi

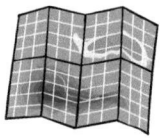

mmepe

mapa

moteme wa dipampiri

paperera

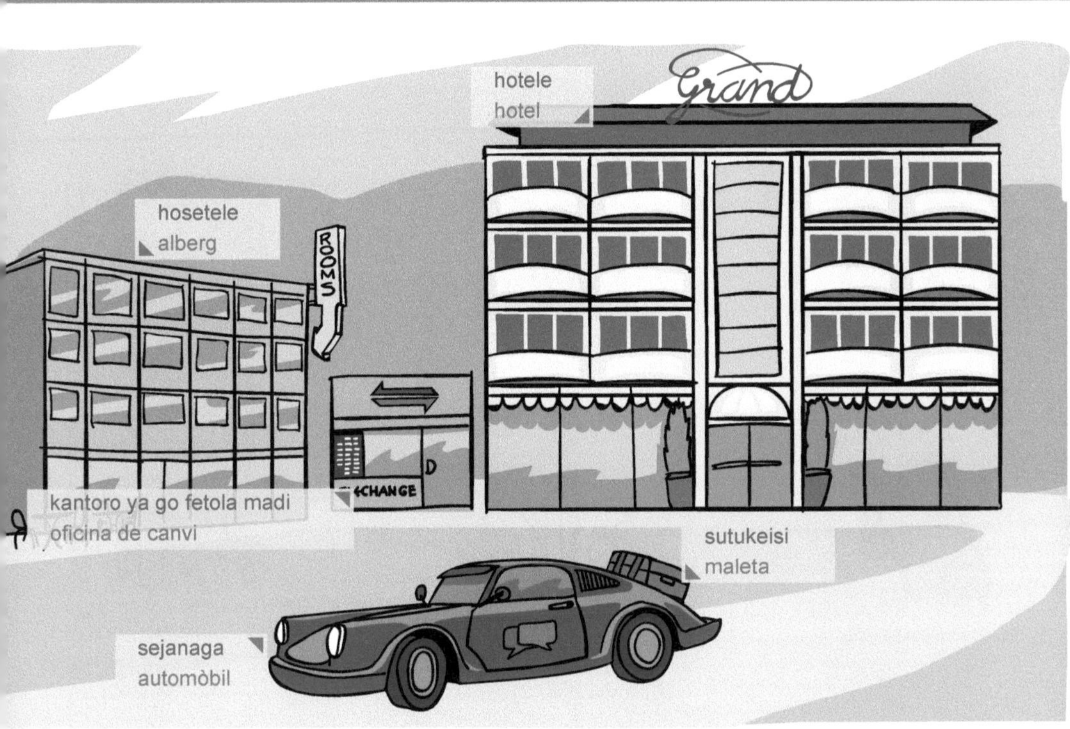

Grand
hotele
hotel
hosetele
alberg
ROOMS
kantoro ya go fetola madi
oficina de canvi
sutukeisi
maleta
sejanaga
automòbil

puo

llengua

ee / nnyaa

sí / no

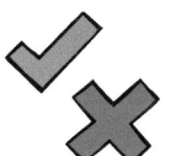

Go siame

D'acord

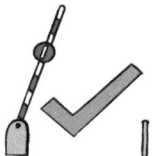

dumela

Ey!

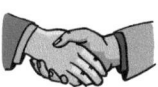

moranodi

traductora

Ke a leboga

gràcies

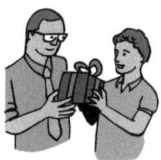

ke bokae...?

Quant costa... ?

ga ke tlhaloganye

No entenc

bothata

problema

O itumelele bosigo!

Bona nit!

Dumela!

bon dia!

Robala Sentle!

bona nit!

tsamaya sentle

fins aviat

tsela

direcció

dithoto

bagatge

kgetsi

bossa

kgetsi

sarrona

moeng

convidat

phaposi

cambra

kgetsana ya go robalela

sac de dormir

mogope

tenda

tshedimosetso ya mojanala

oficina de turisme

lewatle

platja

karata ya go tsaya sekoloto

carta de crèdit

sefitlholo

esmorzar

dijo tsa motshegare

dinar

dijo tsa maitsiboa

sopar

tekete

bitllet

lifiti

ascensor

setempe

segell

bodara

frontera

dingwao

duana

embassy

ambaixada

visa

visat

lokwalo itshupo

passaport

transport

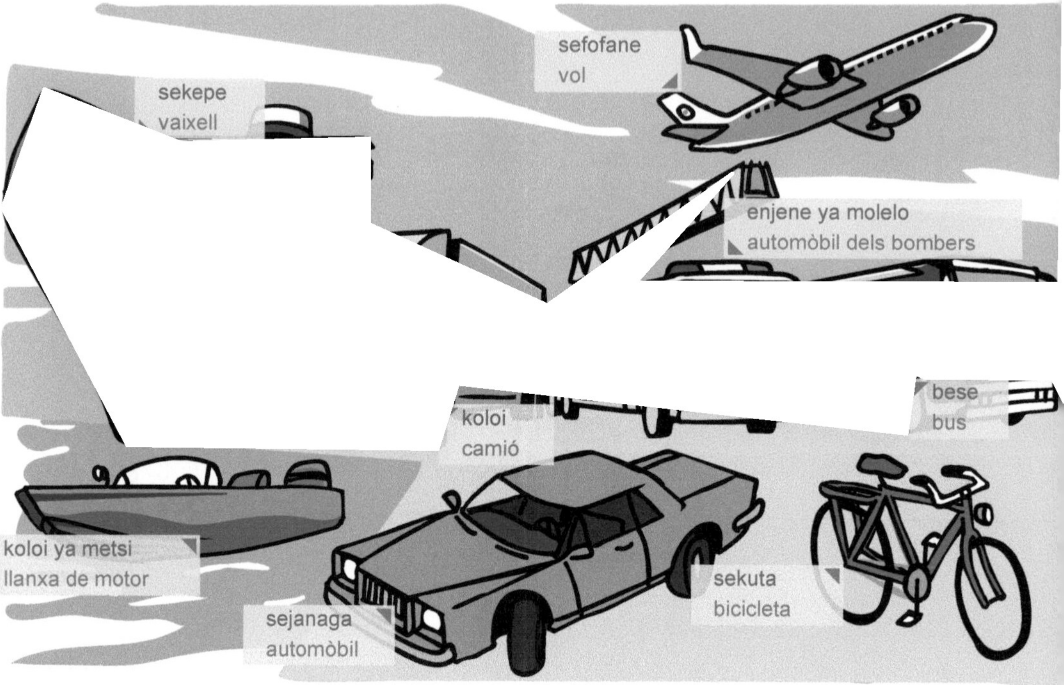
sefofane
vol
sekepe
vaixell
enjene ya molelo
automòbil dels bombers
bese
bus
koloi
camió
koloi ya metsi
llanxa de motor
sekuta
bicicleta
sejanaga
automòbil

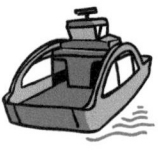

feri

transbordador

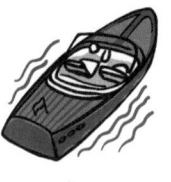

sekepe

barca

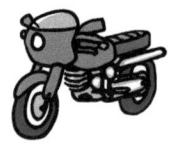

sethuthuthu

moto

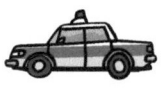

sejanaga sa mapodisa

automòbil de policia

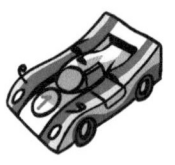

sejanaga sa lobelo

automòbil de curses

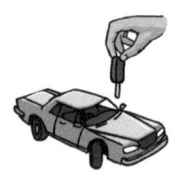

sejanaga se se hirilweng

automòbil de lloguer

aroganya sejanaga

vehicle compartit

koloi e e gogang dikoloi tse
di robegileng

grua

koloi e e tsayang matlakala

camió de les escombraries

koloi

motor

lookwane

benzina

seteišhene sa lookwane

benzineria

letshwao la pharakano

senyal de trànsit

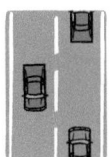

pharakano

trànsit

pharakano

embús

lefelo la go emisa koloi

aparcament

seteišhene sa terena

estació de trens

mela

vies

terena

tren

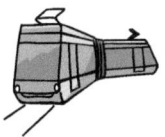

tereme

tramvia

kolotsana

vagó

sefofane

helicòpter

boemeladifofane

aeroport

tora

torre

mopalami

passatger

sekhafothini

contenidor

bokoso

capsa de cartó

karaki

carretó

basekete

cistella

go tsamaya / go fitlha

enlairar-se / aterrar

ciutat

motse

poble

legare la teropo

centre de la ciutat

ntlo

casa

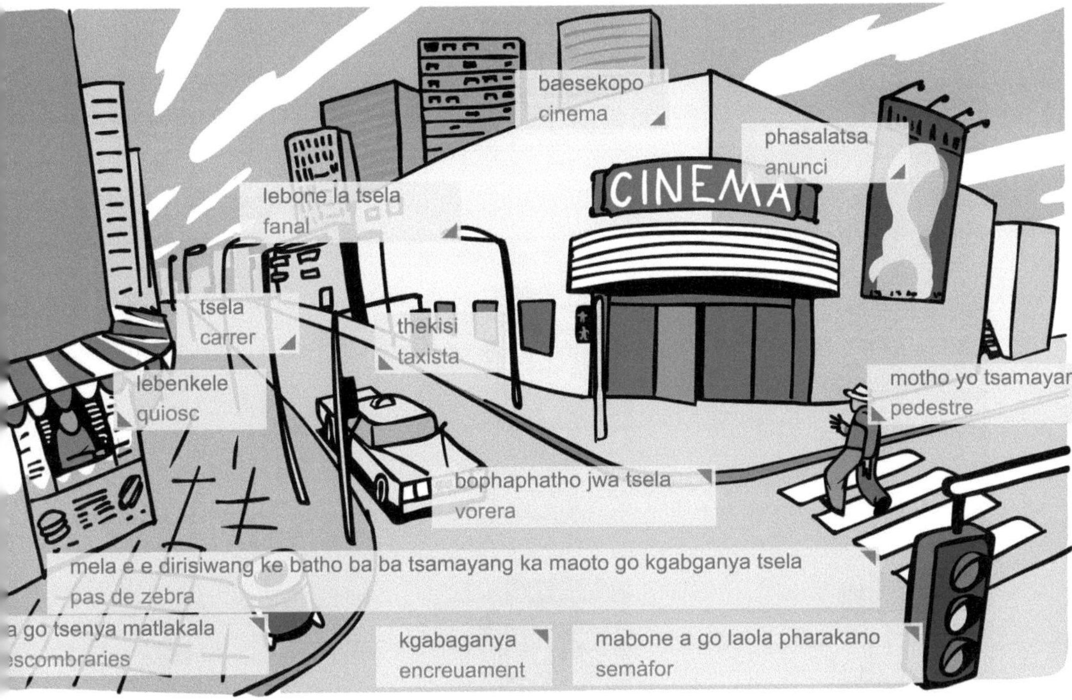

baesekopo
cinema

phasalatsa
anunci

lebone la tsela
fanal

CINEMA

tsela
carrer

thekisi
taxista

lebenkele
quiosc

motho yo tsamayan
pedestre

bophaphatho jwa tsela
vorera

mela e e dirisiwang ke batho ba ba tsamayang ka maoto go kgabganya tsela
pas de zebra

a go tsenya matlakala
escombraries

kgabaganya
encreuament

mabone a go laola pharakano
semàfor

ntlo e e ruletseng ka bojang
....
cabana

sephara
....
apartament

seteišhene sa terena
....
estació de trens

ntlolehalahala la toropo
....
casa de la vila-ciutat

museamo
....
museu

sekolo
....
escola

unibesithi

universitat

banka

banca

sepetlele

hospital

hotele

hotel

lefelo la melemo

farmàcia

kantoro

oficina

lebenkele la dibuka

llibreria

lebenkele

botiga

batho ba ba rekisang malomo

floristeria

lebenkele

supermercat

maraka

mercat

lebenkele la diaparo

gran magatzem

fishmongers

peixateria

moago wa mabenkele a a mantsi

centre comercial

boema dikepe

port

12

serapa

parc

banka

banc

borogo

pont

ditepisi

escala

kwa tlase ga lefatshe

metro

kgogometso

túnel

boemela bese

parada d'autobús

bara

bar

lefelo la go jela

restaurant

lebokose la pose

bústia de correu

letshwao la tsela

senyal indicador

mitara wa go emisa koloi

parquímetre

lefelo la go bonela
diphologolo

zoo

letlodi la go thuma

piscina

tempele ya mamoselema

mesquita

toropo - ciutat

13

polase

granja

kgotlelelo

pol·lució

mabitla

cementiri

kereke

església

lefelo la go tshamekela

parc infantil

temple

temple

paisatge

setlhatsana
fulla

matshwao
cartell indicador

tsela
camí

ditlhaga
prat

letlapa
pedra

motho yo o tsamayang mo thabeng
excursionista

setlhare
arbre

noka
riu

bojang
gespa

lelomo
flor

mokgatšha

vall

thatshana

muntanya

lekadiba

llac

sekgwa

bosc

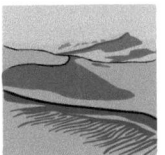

sekaka

desert

lekgwamolelo

volcà

khasele

castell

motshe wa badimo

arc de Sant Martí

leboa

bolet

mokolana

palmera

montsane

moscard

tshenekegi

mosca

tshoswane

formiga

notshi

abella

segokgo

aranya

khukhwana

escarabat

segwagwa

granota

mosha

esquirol

noko

eriçó

mmutla

llebre

morubisi

òliba

nonyane

ocell

pidipidi

cigne

dikolobe tsa naga

senglar

kgokong

cervo

moose

ant

letamo

presa

sefetlhaphefo

turbina

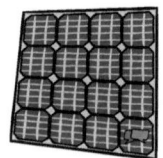

motlakase o o dirilweng ka
letsatsi

panell solar

loapi

clima

weitara
cambrer

lenaane la dijo
menú

setulo
cadira

sopo
sopa

pizza
pizza

fatuku ya tafole
tovalla

dintsho
coberts

sejo sa ntlha
primer plat

sejo sa bobedi
plat principal

dijo tse di naleng sukiri
darreries

dino
begudes

dijo
menjar

botlolo
ampolla

dijo tsa mo strateng

menjar ràpid

dijo tsa seterata

menjar de carrer

ketlele ya tee

tetera

sejana sa go tsenya sukiri

sucrer

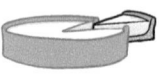

karolo

porció

motšhini wa espresso

màquina d'espresso

setulo se se kwa godimo

trona

tshupamolato

factura

terei

plata

thipa

ganivet

forotlho

forqueta

liso

cullera

leswana

cullereta

lesela la go iphimola

tovalló

galase

got

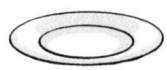

poleiti

plat

poleiti ya sopo

plat de sopa

sosara

plateret

sopo

salsa

sejana sa letswai

saler

sesila pepere

molinet de pebre

aseini

vinagre

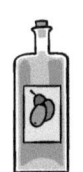

oli

oli

ditswaiso

espècies

tamati souso

quètxup

masetete

mostassa

mayonaese

maionesa

supermercat

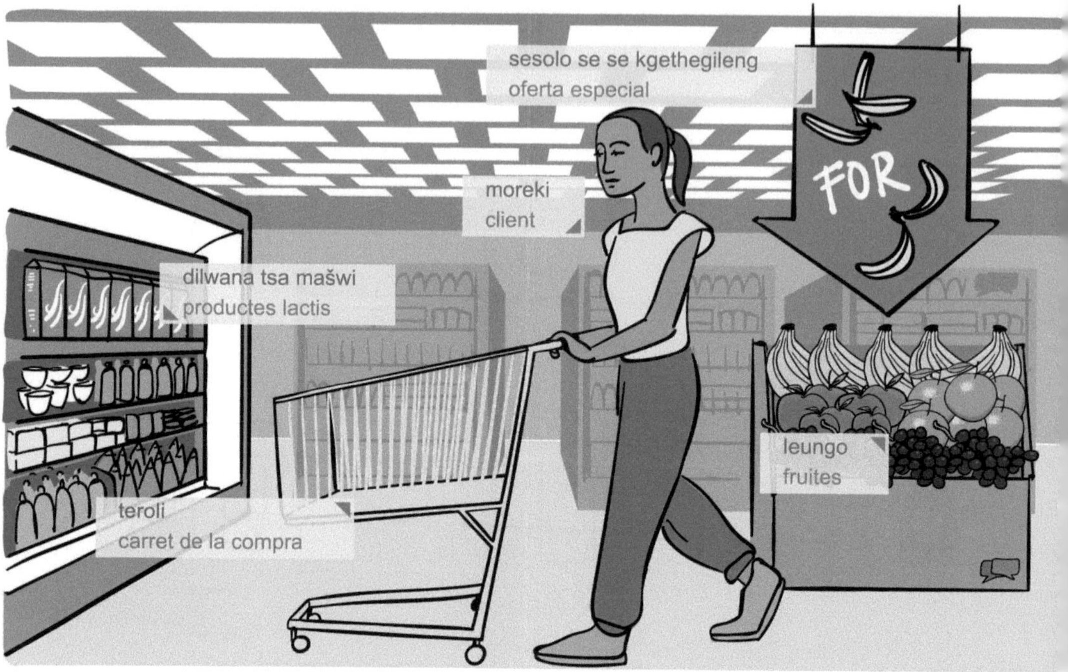

sesolo se se kgethegileng
oferta especial
FOR
moreki
client
dilwana tsa mašwi
productes lactis
leungo
fruites
teroli
carret de la compra

BUTCHERS

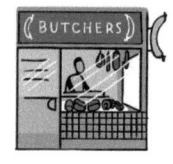

batho ba ba segang nama

carnisseria

BAKERY

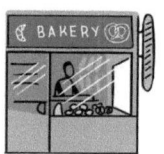

babaki

forn de pa

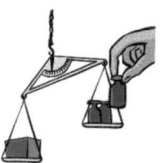

boima

pesar

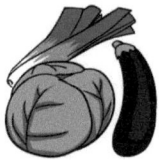

merogo

verdures

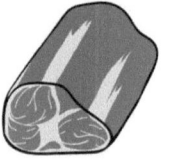

nama

carn

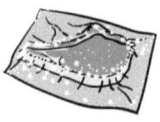

dijo tse di aesitsweng

menjar congelat

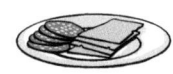

nama e e sa tlhokeng go apewa

carn freda

dijo tsa thini

conserves

molora o o tlhatswang

detergent en pols

dimonamone

dolços

dilwana tsa ntlo

articles domèstics

dilwana tsa go phepafatsa

productes de neteja

morekisi

venedora

motšhini wa madi

caixa registradora

morekisi

caixera

lennane la go reka

llista de la compra

diura tsa go bula

horari d'obertura

sepatšhe

portamonedes

karata ya go tsaya sekoloto

carta de crèdit

kgetsi

bossa

kgetsi ya polasetiki

bossa de plàstic

begudes

metsi

aigua

jusi

suc

mašwi

llet

khouku

coca-cola

beine

vi

biri

cervesa

bojalwa

alcohol

khoukhou

cacau

tee

te

kofi

cafè

esepereso

espresso

cappuccino

cappuccino

panana

banana

apole

poma

namune

taronja

legapu

síndria

surunamune

llimona

segwete

pastanaga

konofole

all

lotlhaka lwa bampuse

bambú

eie

ceba

mabowa

bolet

manoko

avellanes

di-noodles

fideus

sepagethi

espaguetis

raese

arròs

salate

amanida

ditšhipisi

patates fregides

ditapole tse di gadikilweng

patates fregides

pizza

pizza

hamburger

hamburguesa

borotho jo bo tlapisitsweng

entrepà

nama e e gadikilweng

escalopa

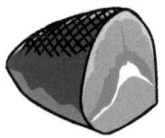

nama ya kolobe

cuixot

salami

salami

boroso

salsitxa

koko

pollastre

gadika

rostit

tlhapi

peix

bogobe jwa outse

flocs de civada

muesli

musli

cornflakes

cereals

bupi

farina

croissante

croissant

banse

panet

borotho

pa

borotho jo bo besitsweng

torrada

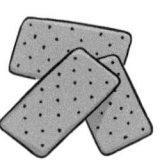

bisikiti

bescuits

botoro

mantega

tšhisi

mató

kuku

pastís

lee

ou

lee le le gadikilweng

ou fregit

kase

formatge

aesekirimi

gelat

sukiri

sucre

mamepe a dinotshe

mel

jeme

melmelada

chokolete e e tshasiwang

crema de xocolata

khari

curri

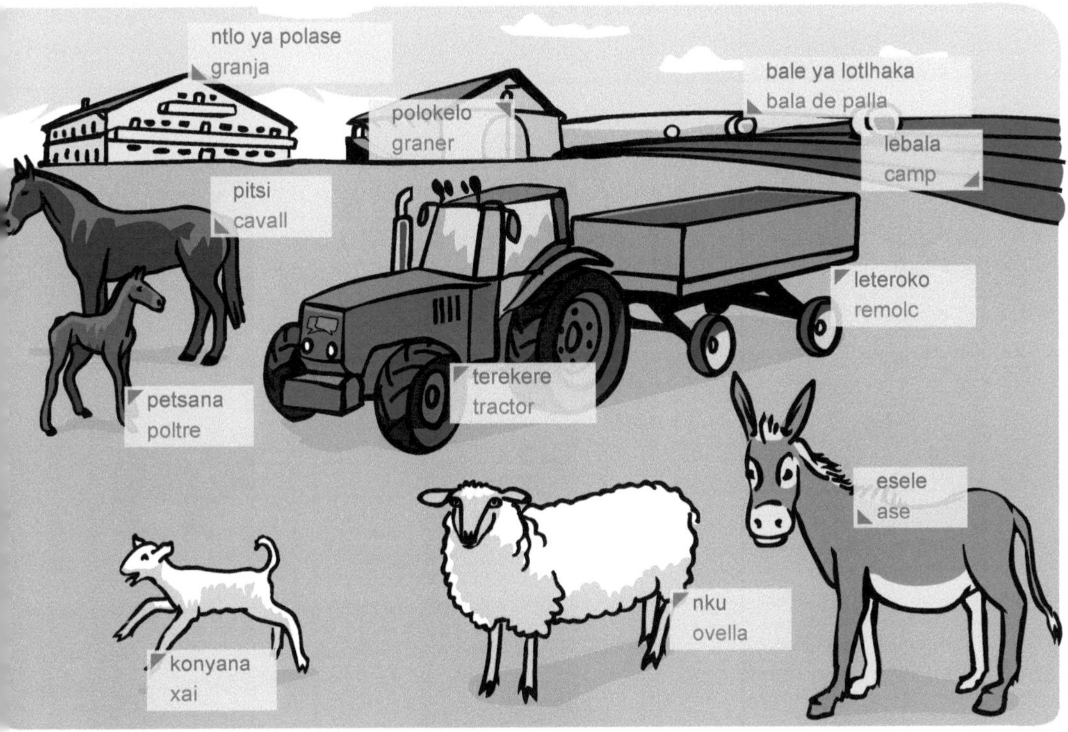

ntlo ya polase
granja

polokelo
graner

bale ya lotlhaka
bala de palla

lebala
camp

pitsi
cavall

leteroko
remolc

petsana
poltre

terekere
tractor

esele
ase

nku
ovella

konyana
xai

pudi

cabra

kgomo

vaca

namane

vedella

kolobe

porc

kolojane

garrí

poo

bou

ganse

oca

pidipidi

ànec

kokwanyana

poll

mokoko

gall

mokoko

gallina

peba

rata

katse

gat

peba

ratolí

kgomo

bou

ntša

gos

ntlo ya ntša

gossera

lethompo la tshingwana

mànega de regar

tanka ya go nosetsa

regadora

disekele tsa tshipi

dalla

lema

arada

disekele

falç

setlhagola

aixada

foroko ya go peta

forca

selepe

destral

kiribae

carretó

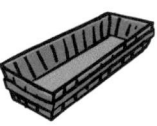

bonwelo

abeurador

mašwi a a moteng ga moteme

lletera

kgetsana

sac

legora

tanca

tsepame

establa

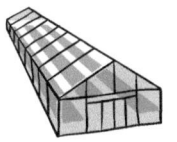

lefelo la go godisa dijalo

hivernacle

mmu

sòl

peo

llavor

menyoro

adob

thobo e e kopaneng

collidora

thobo

collir

thobo

collita

di-yam

nyam

korong

blat

soya

soja

tapole

patata

korong

blat de moro o d'indi

disonobolomo

colza

setlhare sa maungo

arbre fruiter

cassava

mandioca

dijo tsa phakela

cereals

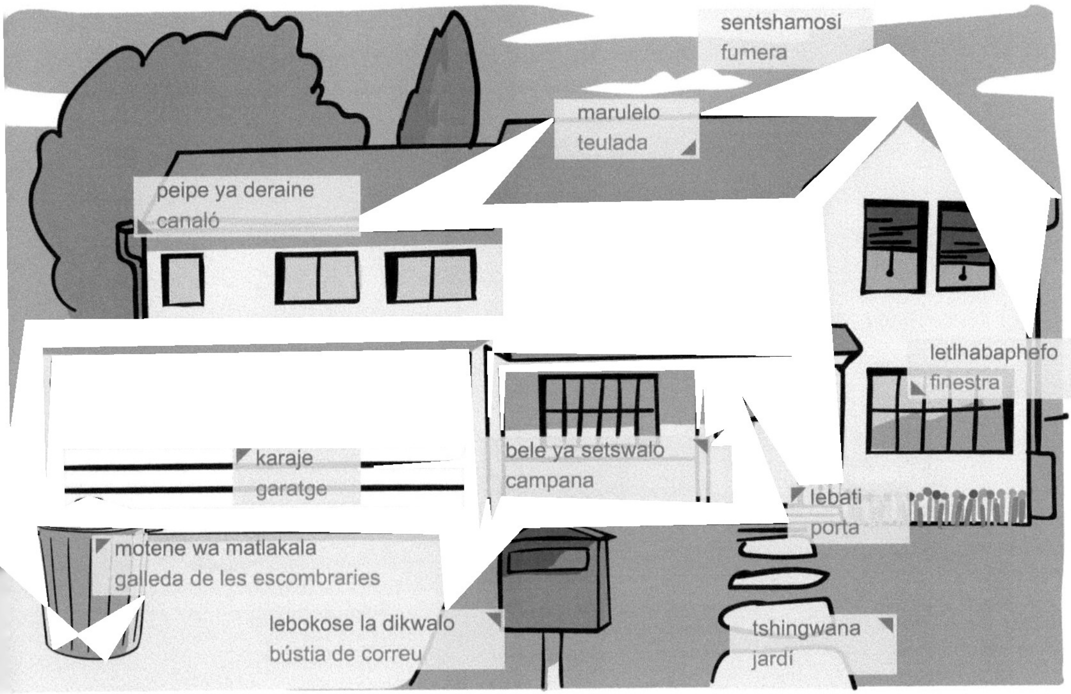

casa

sentshamosi
fumera

marulelo
teulada

peipe ya deraine
canaló

letlhabaphefo
finestra

karaje
garatge

bele ya setswalo
campana

lebati
porta

motene wa matlakala
galleda de les escombraries

lebokose la dikwalo
bústia de correu

tshingwana
jardí

phaposi ya bodulo

sala d'estar

phaposi ya go tlhapela

bany

boapeelo

cuina

phaposi ya borobalo

cambra de dormir

phaposi ya bana

cambra de nen

phaposi ya bojelo

menjador

ntlo - casa

31

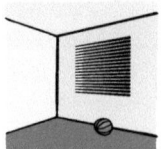

mo fatshe

sòl

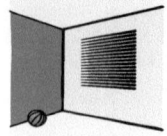

lebota

paret

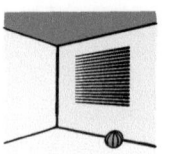

siling

sostre

mabolokelo

soterrani

se futhumatsa mmele

sauna

mokatako

balcó

mokgekolosa

terrassa

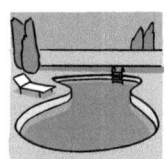

makadiba

piscina

sedirisiwa sa go sega bojang

tallagespa

lakane

vànova

kobo

cobrellit

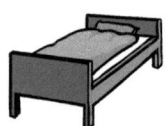

bolao

llit

lefielo

escombra

kgamelo

galleda

switch

interruptor

sala d'estar

pampiri e e kgabisng lebota
paper de paret
setshwantsho
quadre
lobone
làmpada
raka
prestatge
raka
armari
thelebishene
televisor
apanxes
lelomo
flor
mosamo
coixí
soufa
sofà
setsenya malomo
gerro
selaola thelebishene o le kgakala le yone
telecomanda

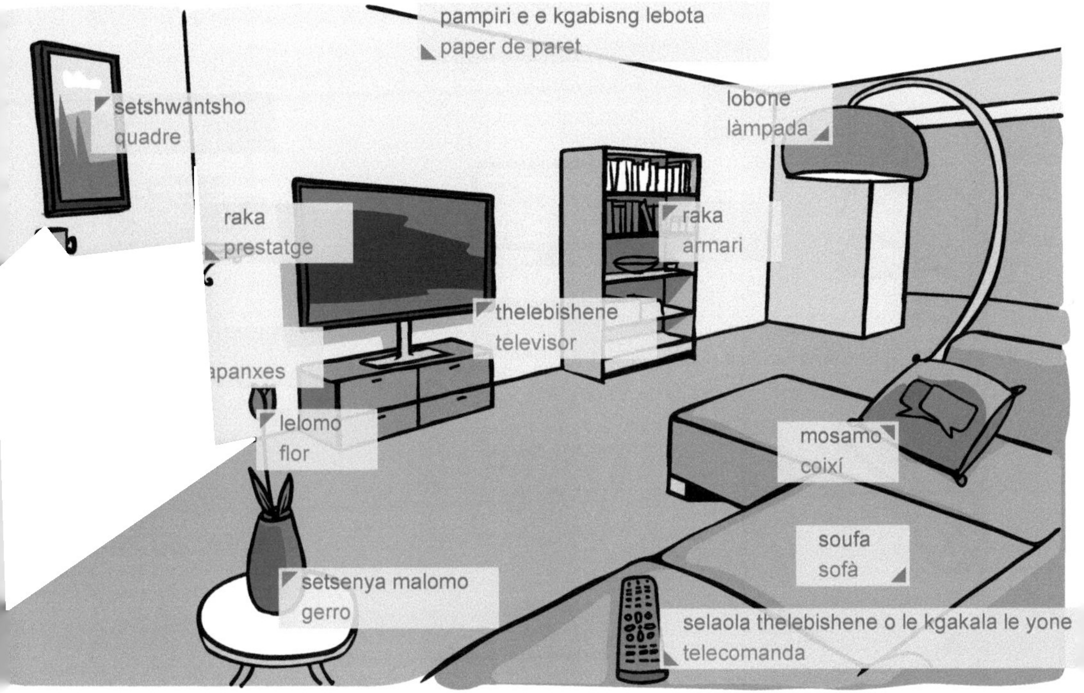

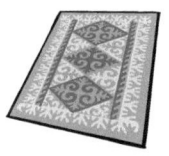

mmetshe

catifa

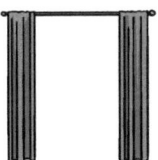

garetene

cortina

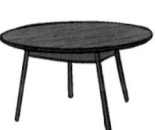

tafole

taula

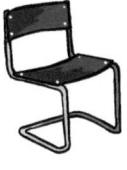

setulo

cadira

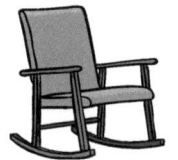

setulo se se binang

cadira gronxadora

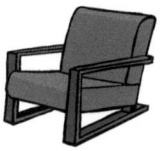

setulo se se naleng boikego

cadiral

buka

llibre

kobo

llençol

mokgabiso

decoració

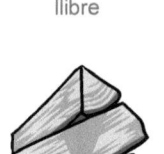

dikgong tsa molelo

llenya

filimi

film

hi-fi ya go letsa

cadena de música

selotlolo

clau

lokwalodikgang

diari

setshwantsho se se
dirilweng ka pente

pintura

pampiri ya go phasalatsa

cartell

seyalemowa

ràdio

buka ya dintla

bloc de notes

huvara

aspiradora

motoroko

cactus

kerese

candela

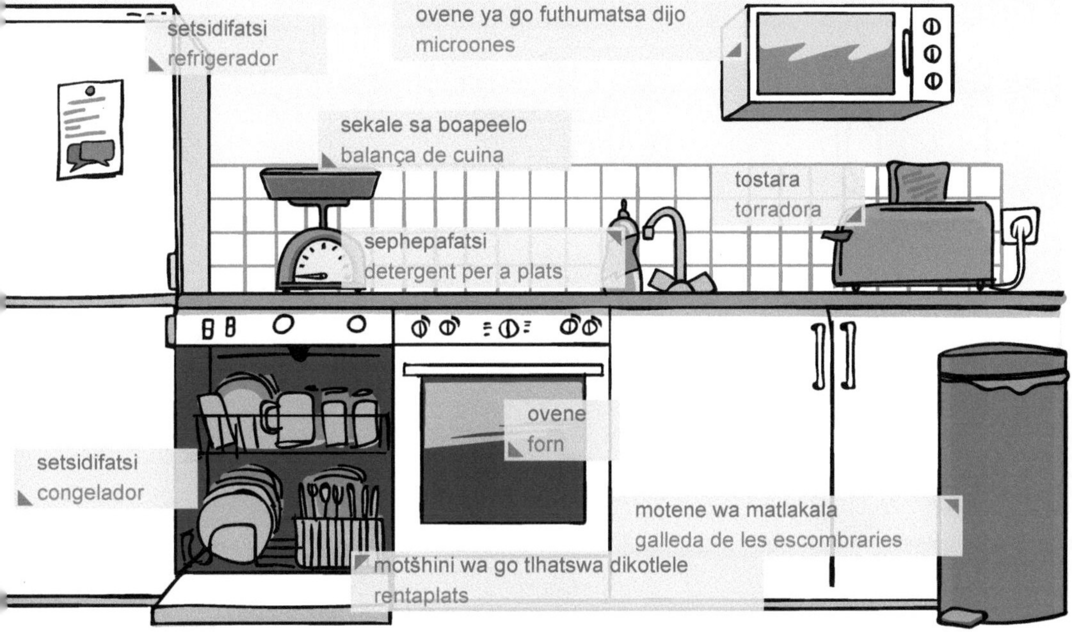

setsidifatsi
refrigerador

ovene ya go futhumatsa dijo
microones

sekale sa boapeelo
balança de cuina

tostara
torradora

sephepafatsi
detergent per a plats

ovene
forn

setsidifatsi
congelador

motene wa matlakala
galleda de les escombraries

motšhini wa go tlhatswa dikotlele
rentaplats

moapei

cuina de fogons

pitsa

olla

pitsa ya tshipi

olla de ferro colat

wok / kadai

wok / karahi

pane

paella

ketlele

bullidor

sefuthumatsi

olla de vapor

terei ya go baka

plata de forn

dintsho

vaixella

kopi

tassa grossa

sejana

bol

thobane ya go rema

bastonets xinesos

thoka

culler

sepatšhula

espàtula

wiskara

batedor

setereinara

colador

setlhotlhi

sedàs

greitara

ratllador

kika

morter

nama ya kgomo

barbacoa

molelo o o mopepeneneg

foc a terra

boroto ya go segela

taula de tallar

rolara

corró

sebula dibotlolo tsa beine

llevataps

moteme

pot de conserva

sebula moteme

obridor

setshwari sa pitsa

agafador

sinki

aigüera

boratšhe

raspall

sepontšhe

esponja

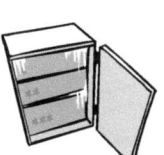

setlhakanya dijo / maungo

batedora

setsidifatsi

congelador

botlole ya ngwana

biberó

tepe

aixeta

thutafatsa
calefacció

shawara
dutxa

toulo
tovallola

garetene ya shawara
cortina de dutxa

setshelo sa go dira dibabole mo bateng
bany de bombollles

bata
banyera

galase
got

setlhatswa diaparo
rentadora

tepe
aixeta

dithaele
rajoles

poti
orinal

sinki
aigüera

ntlwana

lavabo

ntlwana ya go kotama

lavabo turc

bidete

bidet

moroto

orinador

pampiri ya boithomelo

paper higiènic

boratšhe jwa ntlwana

escombreta de sanitari

boratšhe jwa meno

raspall de dents

sesepa sa meno

pasta de dents

tlhale ya go phepafatsa meno

fil dental

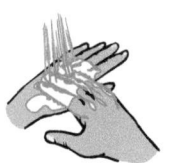

tlhatswa

rentar

shawara ya go itshwarela

pom de dutxa

senkgisa monate

dutxa íntima

beisini

rentamans

boratšhe jwa mokwatla

raspall per a l'esquena

sesepa

sabó

jele ya shawara

gel de dutxa

setlhapisa moriri

xampú

folanele

manyopla de bany

mosele

bonera

setlolo

crema

senkgamonate

desodorant

seipone

mirall

seipone sa go itshwarela

mirall-espill de mà

legare

maquineta de rasar

foumu ya go ntsha moriri

espuma de barbejar

foumu ya fa o fetsa go ntsha moriri

loció post-rasada

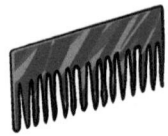

kama

pinta

boratšhe

raspall

seomisa moriri

eixugador

seporei sa moriri

laca

seitlole sa sefatlhego

maquillatge

setlolo sa molomo

pintallavis

pente ya dinala

esmalt d'ungles

boboa

cotó

sekere sa dinala

tallaungles

leokwane le le nkgang monate

perfum

kgetsana ya go tlhatswa

estoig de bellesa

setulo

tamboret

sekale sa go lekanya

bàscula

seaparo sa botlhapelo

barnús

ditlelafo tsa rekere

guants de goma

tempone

compresa higiènica

sedirisiwa sa basadi ba ba
mo kgweding

compresa

ntlwana ya khemikhale

sanitari químic

cambra de nen

tshupanako ya alamo
despertador
mpopi wa go tlamparela
animal de peluix
koloi e e tshamekang
auto de joguina
setšhakgatšhakga
sonall
ntlo ya dipompi
casa de nines
poresente
present

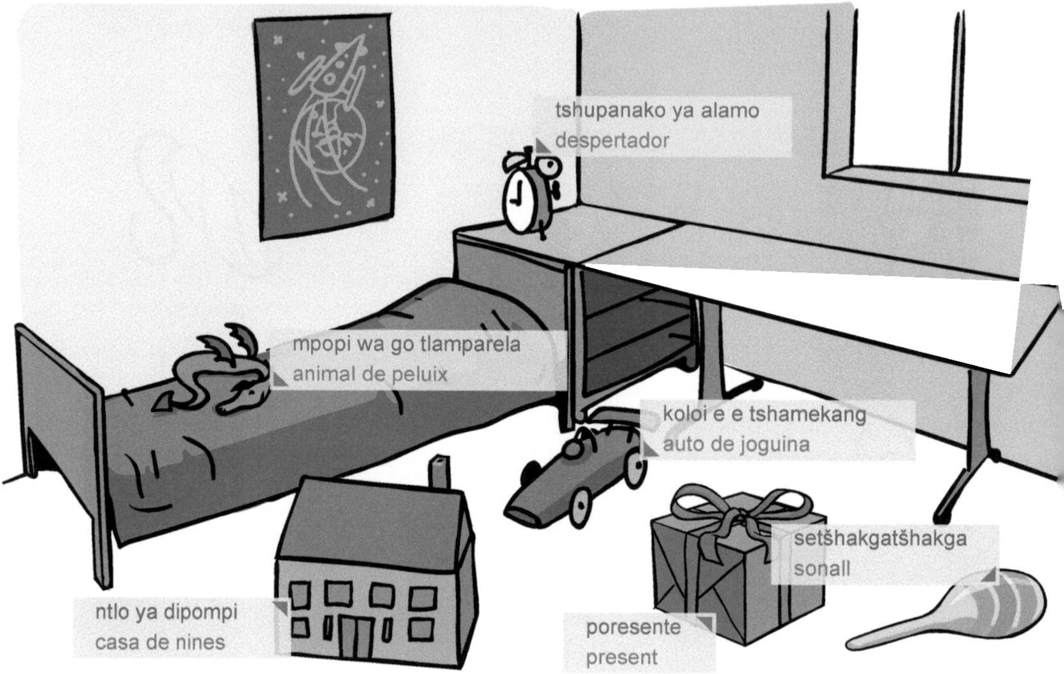

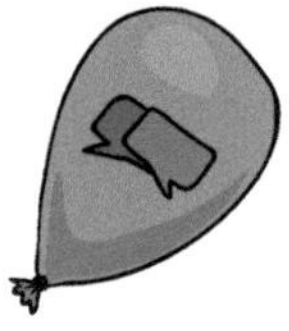

baluni

baló

bolao

llit

porema

cotxet per a nens

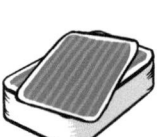

deck of cards

joc de cartes

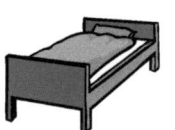

saga ya motlakase

trencaclosca

SUPER MEGA

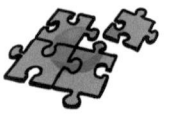

buka ya ditshegisi

historieta

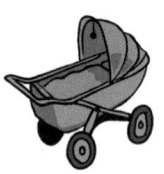

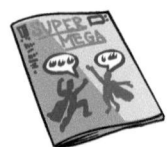

matlapa a go tshameka

peces de lego

diboloko tse di tshamekang

peces de construcció

setshwantsho sa motho

ninot d'acció

seaparo sa lesea

granota

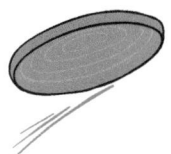

Frisbee

frisbee

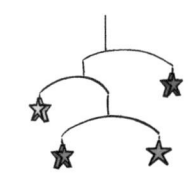

selo sa go letsa mmino mo ditsebeng

mòbil per a bressol

motshameko wa boroto

joc de taula

daese

daus

terena

tren elèctric

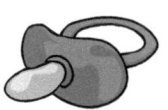

tami

xumet

moletlo

festa

buka ya ditshwantsho

llibre de dibuixos

bolo

pilota

mpopi

nina

tshameka

jugar

lebala le le naleng santa

sorrera

moswinki

gronxador

ditshamekisi tsa bana

joguines

motshameko wa dibidio

consola de jocs de vídeo

baesekele ya maotwana a a mararo

tricicle

bera e e diretsweng go tshamekisa bana

osset de peluix

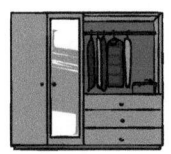

raka ya go baya diaparo

armari

roba

dikausu

mitjons

dikausu tsa basadi

mitges

dithaetse

mitja pantaló

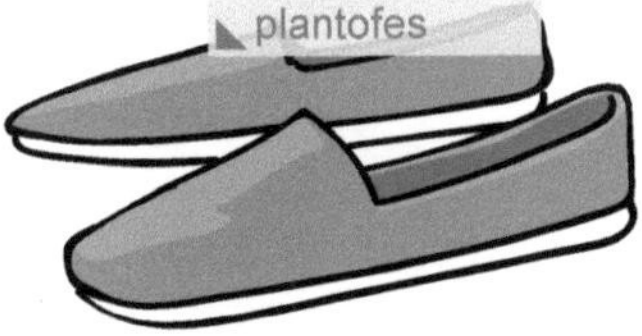

sekhafo
tapacoll

sekhukhu
paraigua

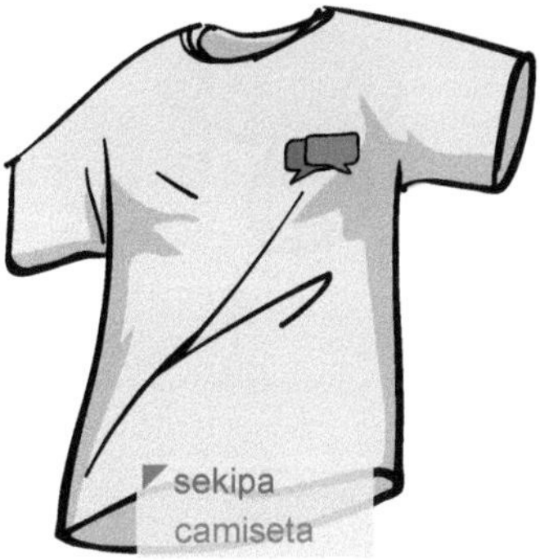

sekipa
camiseta

lebante
cintura

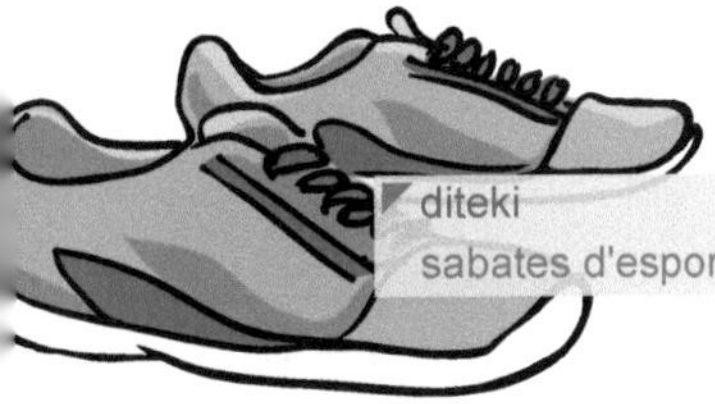

dibutshi
botes

disilipara
plantofes

diteki
sabates d'esport

dimphatšhane
....
sandàlies

ditlhako
....
sabates

dibutshi tsa rekere
....
botes de goma

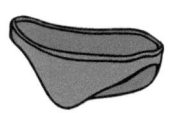

borukgwe jwa kwateng
....
calçonets

boraa
....
sostenidor

besete
....
guardapits

seaparo - roba

45

mmele

jjustacòs

borukgwe

pantalons

bokate

jeans

sekete

faldeta

bolaose

brusa

hempe

camisa

jeresi e e senang matsogo

jersei

jakete e e enaleng hutshe

dessuadora

boleisara

blazer

jakete

jaqueta

jase

mantell

jase ya pula

impermeable

khosetjhumo

vestit de dona

mosese

vestit de dona

mosese wa lenyalo

vestit de núvia

sutu

vestit d'home

seaparo sa bosigo

camisa de dormir

diaparo tsa go robala

pijama

sari

sari

sekhafa sa tlhogo

mocador de cap

turban

turbant

burqa

burca

kaftan

caftan

abaya

abaia

seaparo sa go thuma

vestit de bany

diteranka

calçon(et)s de bany

borukgwe jo bo khutshwane

pantalons curts

terekesutu

xandall

seaparo sa go phephafatsa

davantal

ditlelafo

guants

talama

botó

diborele

ulleres

sebaga

braçalet

sebaga sa mo thamong

collaret

palamonwana

anell

lengena

orellera

kepisi

casquet

sepega baki

penjador

hutshe

capell

tae

corbata

zepe

cremallera

hutshe ya sethuthuthu

casc

ditrata tsa meno

elàstics

diaparo tsa sekolo

uniforme escolar

diaparo tsa mmereko /
diaparo tsa sekolo

uniforme

bebe

pitet

tami

xumet

mongato

bolquer

oficina

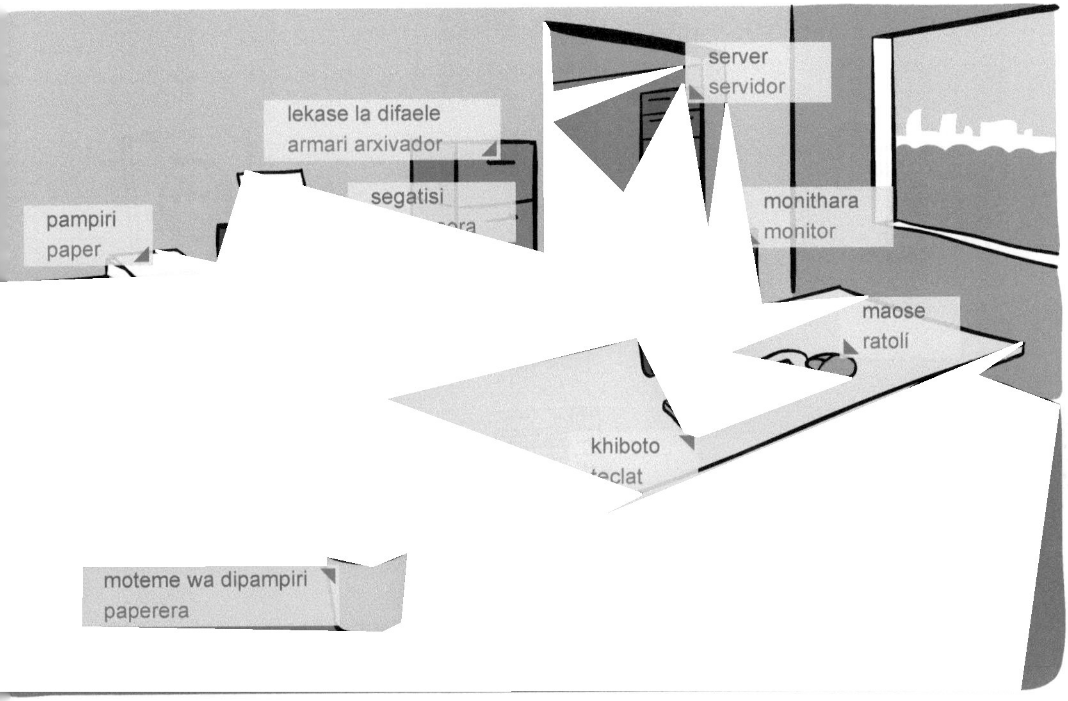

server
servidor

lekase la difaele
armari arxivador

segatisi

pampiri
paper

monithara
monitor

maose
ratolí

khiboto
teclat

moteme wa dipampiri
paperera

kopi

tassa de cafè

khalkhuleitara

calculadora

inthanete

Internet

lapothopo

ordinador portàtil

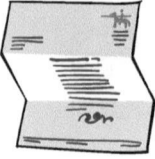

lekwalo

lletra

molaetsa

missatge

mogala wa letheka

mòbil

kgolagano ya megala

xarxa

segatisa dipampiri

fotocopiadora

software

programari

mogala

telèfon

sokete ya polaka

presa de corrent

motšhini wa fekese

fax

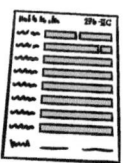

foromo

formulari

setlankana

document

reka

comprar

patela

pagar

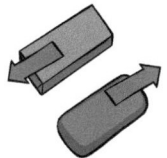

rekisa

comerciar

madi / tšhelete

diners

USD

dolara

dòlar

EUR

euro

euro

JPY

yen

ien

RUB

roubele

ruble

CHF

swiss franc

franc suís

CNY

renminbi yuan

renminbi

INR

rupee

rupia

lefelo la madi

caixa automàtica

kantoro ya go fetola madi

oficina de canvi

gauta

or

selefera

argent

oli

petroli

maatla

energia

tlhwatlhwa

preu

konteraka

contracte

lekgetho

impost

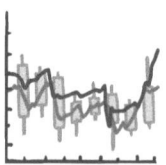

setoko

acció

dira

treballar

mothapiwa

treballador

mothapi

empresari

bodirelo

fàbrica

lebenkele

botiga

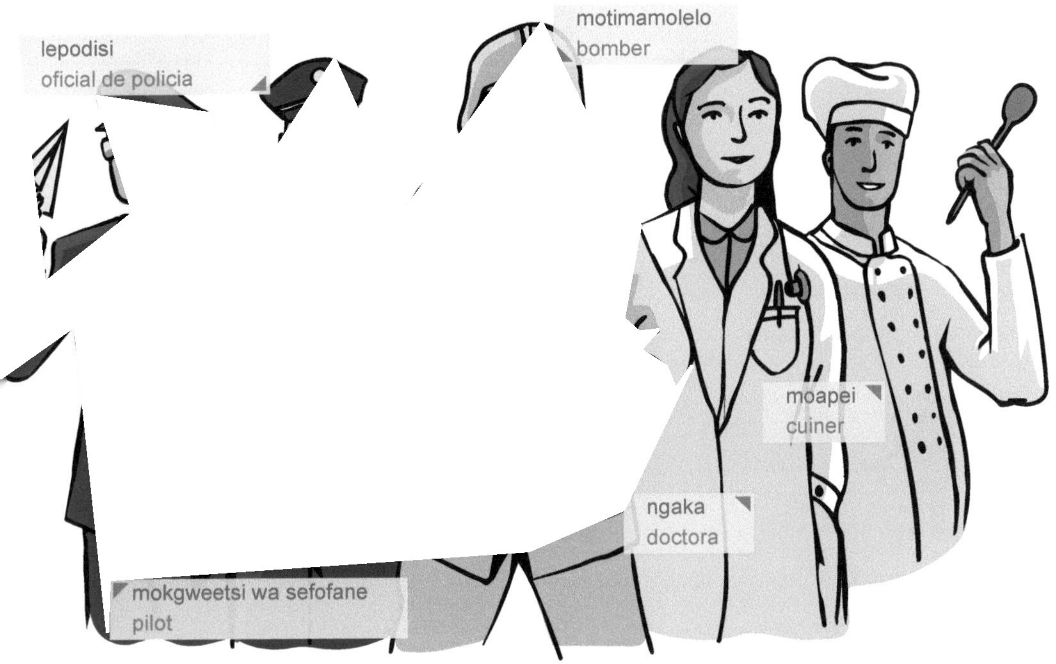

motimamolelo
bomber

lepodisi
oficial de policia

moapei
cuiner

ngaka
doctora

mokgweetsi wa sefofane
pilot

ratshingwana
jardiner

mmetli wa dikgong
fuster

moroki
costurera

moatlhodi
jutge

moitse wa melemo
química

modiragatsi
actor

mokgweetsi wa bese

conductor d'autobús

mokgweetsi wa tekisi

taxista

motshwari wa ditlhapi

pescador

Mme yo o phepafatsang

dona de la neteja

moruledi

ensostrador

weitara

cambrer

motsumi

caçador

motaki

pintor

mmesi wa senkgwe

forner

ramotlakase

electricista

moagi

obrer de la construcció

moenjenere

enginyer

mosegi wa nama

carnisser

motsenyi wa diphaepe tsa metsi

llanterner

motsamaisa poso

correu

leshole

soldat

modiri wa dipolane

arquitecte

morekisi

caixera

morekisi wa malomo

florista

mokgabisamoriri

perruquer

kondactara

revisor

mokheneke

mecànic

mokapeteine

capità

ngaka ya meno

dentista

Rasaense

científic

moruti

rabí

imam

imam

moitlami

monjo

moruti

capellà

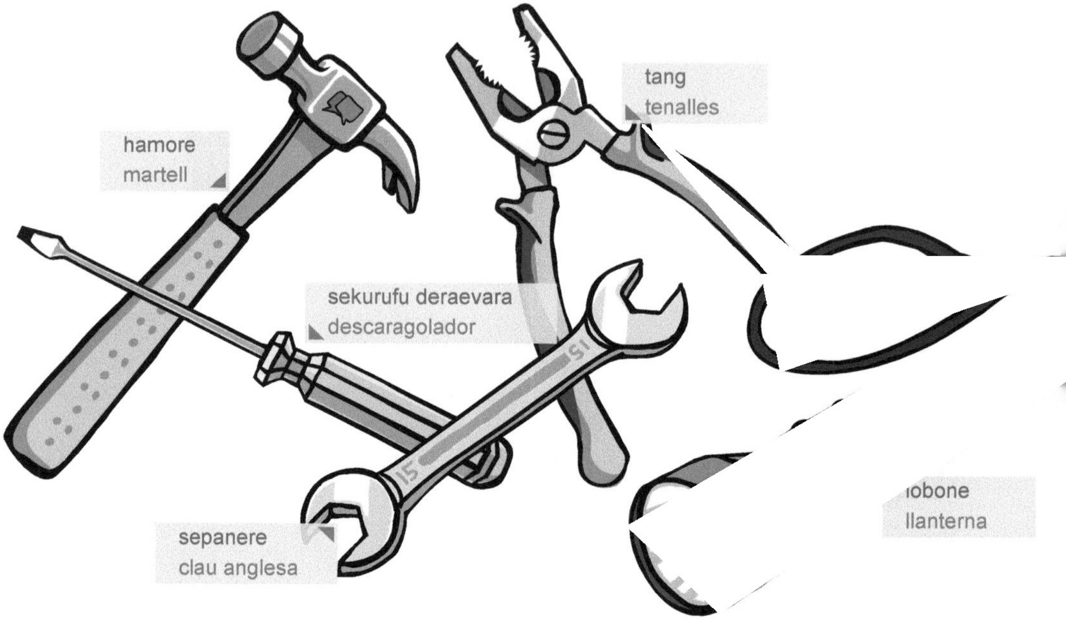

hamore
martell

tang
tenalles

sekurufu deraevara
descaragolador

iobone
llanterna

sepanere
clau anglesa

moepi

excavadora

bokoso ya didirisiwa

caixa d'eines

lere

escala

saga

serra

dipekere

claus

sebori

trepant

baakanya

reparar

garawe

pala

ijaa!

Maleït siga!

seolela matlakala

pala

pitsa ya pente

pot de pintura

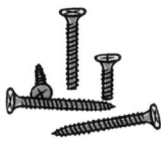

sekurufu

caragols

instrument de música

meropa
bateria

base e e gabedi
contrabaix

terompeta
trompeta

sepikara se se goelang ko godim
altaveu

katara
guitarra

piano

piano

bayolini

violí

base

baix

timpane

timbal

meropa

tambor

khiboto

teclat

sekesofone

saxofon

phala

flauta

sebuela godimo

micròfon

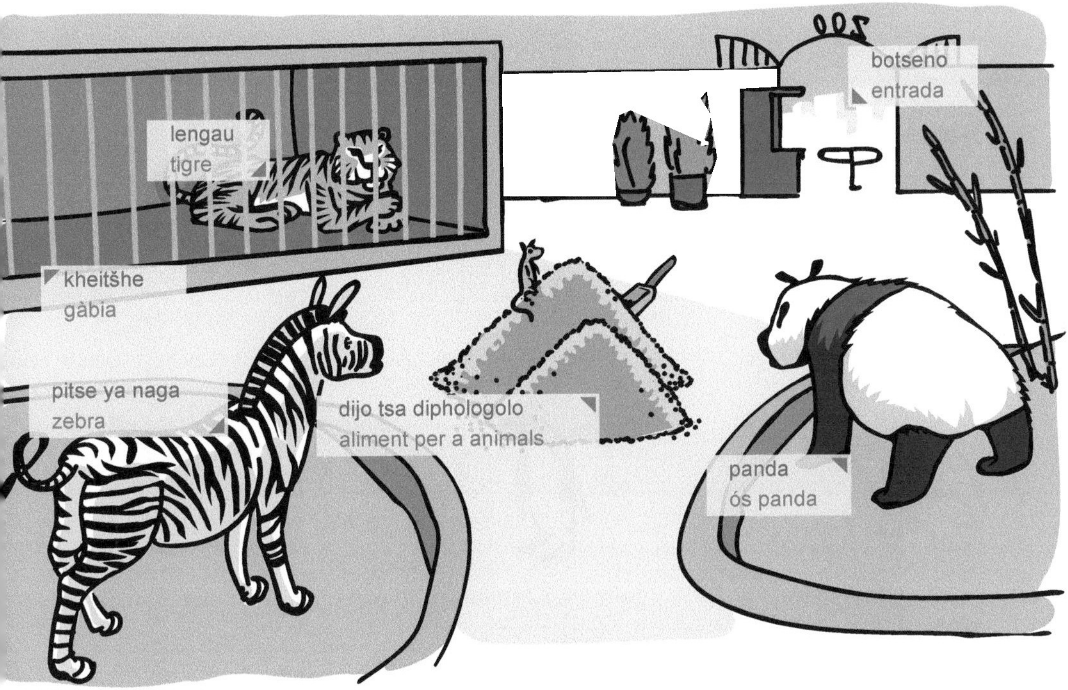

lengau
tigre

botseno
entrada

kheitšhe
gàbia

pitse ya naga
zebra

dijo tsa diphologolo
aliment per a animals

panda
ós panda

diphologolo
....
animals

tlou
....
elefant

dikhankaruu
....
cangurú

tshukudu
....
rinoceront

tshweni
....
goril·la

bera
....
ós

kamela

camell

kalakune

estruç

tau

lleó

tshwene

simi

flamingo

flamenc

papalagae

papagai

bera e e dulang ko lefelong
le le tsididi thata

ós polar

nonyane tsa lewatle

pingüí

leruarua

ca mari

phikoko

paó

noga

serp

kwena

cocodril

motlhokomedi wa
diphologolo

guardià del zoo

sili

foca

katse

jaguar

petsana

poni

lengau

lleopard

tshukudu

hipopòtam

thutlwa

girafa

ntsu

àliga

dikolobe tsa naga

senglar

tlhapi

peix

khudu

tortuga

walrus

morsa

ntja ya naga

guineu

tshephe

gasela

kgwele ya dinao ya Amerika
futbol americà

motshameko wa baesekele
ciclisme

tenese
tenis

baseketebolo
bàsquet

thuma
natació

motshameko wa go lwa ka diatla
boxa

hockey ya mo aeseng
hoquei sobre gel

kgwele ya dinao

futbol americà

badminthone

bàdminton

atletiki

atletisme

kgwele ya diatla

handbol

skiing

esquí

polo

polo

tshega
riure

tlola
saltar

tlamparela
abraçar

tsamaya
anar

opela
cantar

lora
somiar

rapela
pregar

atla
fer un petó

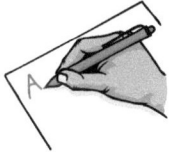

kwala

escriure

torowa

dibuixar

bontsha

mostrar

kgorometsa

pitjar

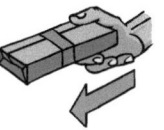

naya

donar

tsaya

prendre

go nna

tenir

dira

fer

nna

ésser

ema

estar dret

taboga

córrer

goga

estirar

latlha

llançar

wa

caure

maaka

jeure

ema

esperar

tsholetsa

portar

dula

asseure's

apara

vestir-se

robala

dormir

tsoga

despertar-se

leba

mirar

lela

plorar

thuma ka lemorago

amoixar

kama

pentinar

bua

parlar

tlhaloganya

comprendre

botsa

demanar

reetsa

escoltar

nwa

beure

ja

menjar

phepafatsa

endreçar

lorato

estimar

apaya

cuinar

kgweetsa

conduir

fofa

volar

seila

navegar

khalkhuleitara

calcular

bala

llegir

ithute

aprendre

dira

treballar

nyala

casar-se

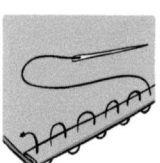

roka

cosir

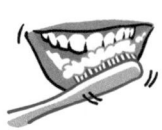

tlhapa meno

raspallar-se les dents

bolaya

matar

tsuba

fumar

romela

enviar

mmemogolo
àvia

rremogolo
avi

rre
pare

mme
mare

ngwana
nadó

morwadi
filla

morwa
fill

moeng
convidat

mmangwane
tia

malome
oncle

abuti
germà

ausi
germana

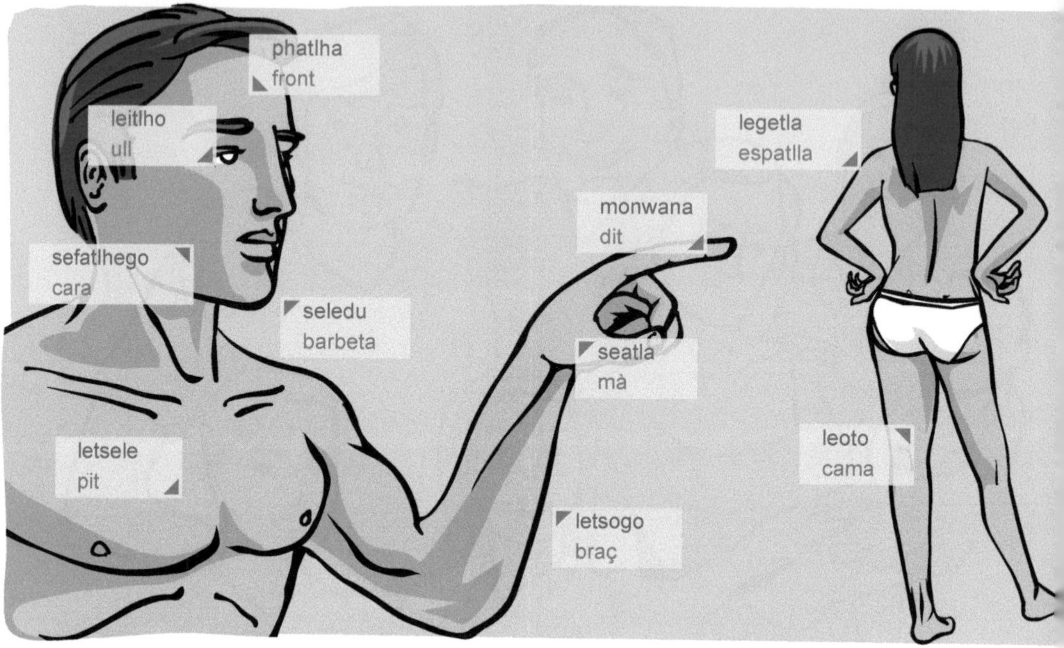

phatlha
front

leitlho
ull

legetla
espatlla

sefatlhego
cara

monwana
dit

seledu
barbeta

seatla
mà

letsele
pit

leoto
cama

letsogo
braç

ngwana
nadó

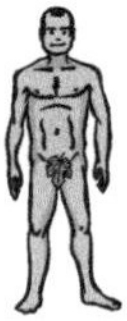

monna
home

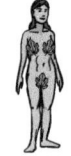

mosadi
dona

mosetsana
noia

mosimane
noi

tlhogo
cap

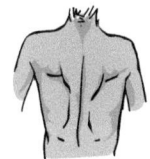

mokwatla

esquena

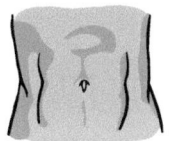

mpa

panxa

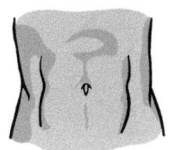

khubu

melic

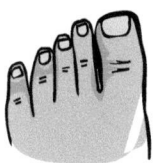

monwana

dit gros del peu

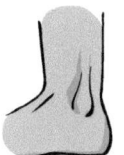

serethe

taló

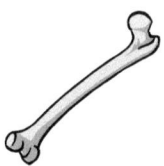

lerapo

os

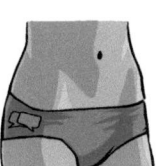

letheka

maluc

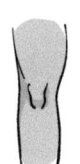

lengole

genoll

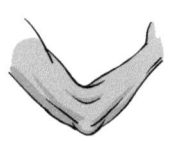

sekgono

colze

nko

nas

ko tlase

cul

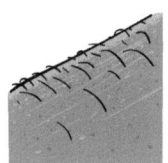

letlalo

pell

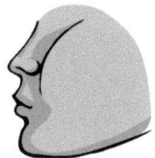

lerama

galta

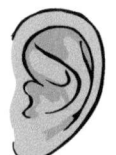

tsebe

orella

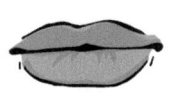

pounama

llavi

molomo

boca

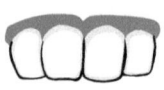

leino

dent

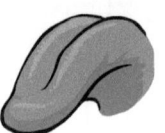

loleme

llengua

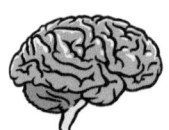

boboko

cervell

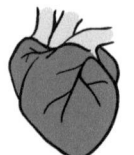

pelo

cor

maatla

múscul

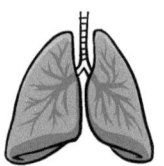

lekgwafo

pulmó

sebete

fetge

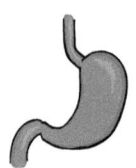

mala

estómac

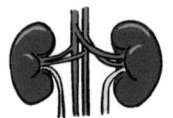

diphio

ronyó

bong

relació sexual

mosomelwana

preservatiu

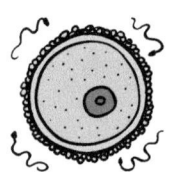

sebelegi sa ngwana

ovari

semen

semen

moimana

prenyat

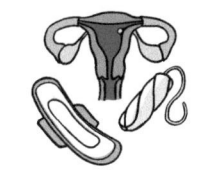

dinako tsa go tla ka kgwedi
tsa basadi
....
menstruació

serwe sa mosadi
....
vagina

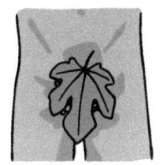

serwe sa monna
....
penis

dintshi
....
cella

moriri
....
cabells

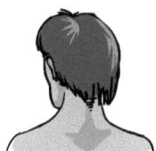

thamo
....
coll

hospital

sepetlele
hospital
go robega
fractura

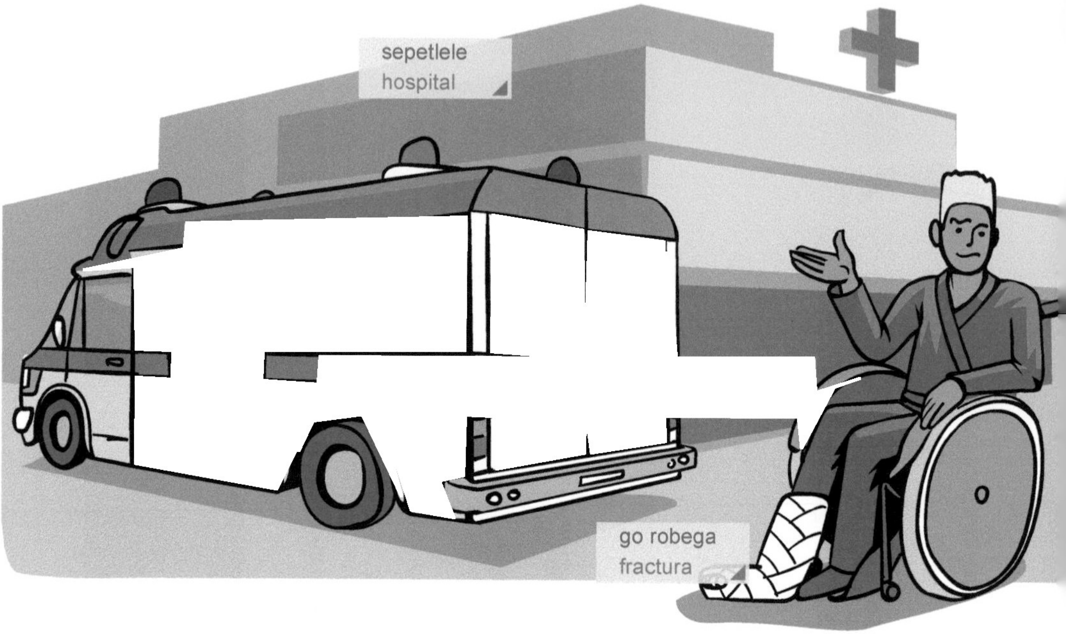

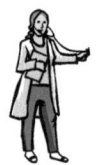

ngaka
doctora

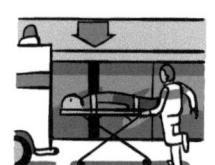

phaphosi ya tshoganyetso
sala d'urgències

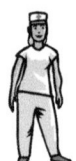

mooki
infermera

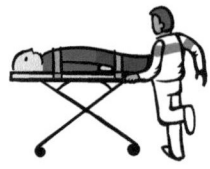

tshoganyetso
urgència

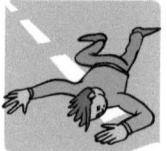

idibala
inconscient

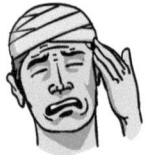

setlhabi
dolor

kgobalo

ferida

go dutla madi

sagnament

tlhaselo ya pelo

atac de cor

setorouko

apoplexia

bolwetsi

al·lèrgia

go gotlhola

tos

fulu

febre

fulu

gripa

letshololo

diarrea

opiwa ke tlhogo

mal de cap

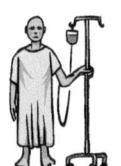

kankere

càncer

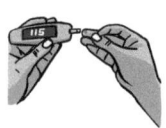

sukiri ya mmele

diabetis

moari

cirurgià

sekalepele

escalpel

karo

operació

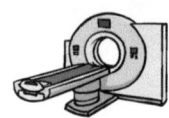

CT

tomografia computada (TC), TAC

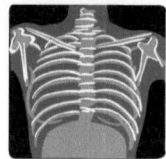

x-ray

raigs x

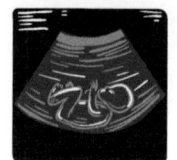

motšhini wa go leba mo mpeng

ultrasò

sesira sefatlhego

mascareta

twatsi

malaltia

phaposi boletelo

sala d'espera

dithobane

crossa

polasetara

tireta

sefapho

embenat

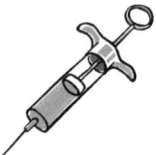

lemao

injecció

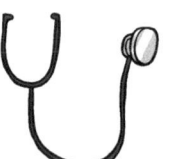

setetosekoupu

estetoscopi

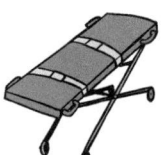

seteretšhara

llitera

themometara ya bongaka

termòmetre clínic

pelegi

pariment

bokima jwa mmele

sobrepès

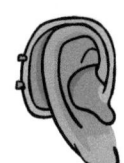

sedirisiwa sa go thusa go utlwa

aparell auditiu

sesireletsa dintho

desinfectant

tshwaetso

infecció

mogare

virus

HIV / AIDS

VIH / SIDA

melemo

medicina

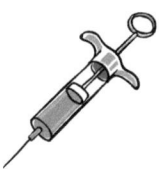

mokento

vaccí

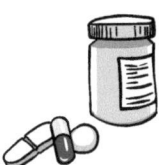

thabolete

comprimits

pilisi

píl·lola

mogala wa tshoganyetso

trucada d'urgència

motšhini wa go ela tlhoko kgatelelo ya madi

tensiòmetre

lwala / itekanetse

malalt / sà

Thusa!

Socors!

tshotlako

assalt

tlhasela

atac

kotsi

perill

kgoro ya tshoganyetso

sortida-eixida d'urgència

Molelo!

Foc!

setima moleleo

extintor

kotsi

accident

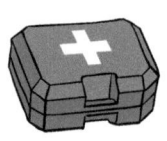

khiti ya go thusa ka dikgobalo

farmaciola de primers auxilis

SOS

SOS

lepodisi

policia

alamo

alarma

Yuropa

Europa

Bokone jwa Amerika

Amèrica del Nord

Borwa jwa Amerika

Amèrica del Sud

Aforika

Àfrica

Asia

Àsia

Australia

Austràlia

Atlantic

Atlàntic

Pacific

Pacífic

Lewatle la India

Oceà Índic

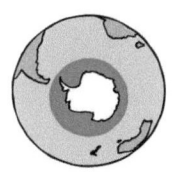

Lewatle la Antarctic

Oceà Antàrtic

Lewatle la Arctic

Oceà Àrtic

Bokone

pol nord

Borwa

pol sud

Antartica

Antàrtida

Lefatshe

terra

lefatshe

país

lewatle

mar

losi lwa lewatle

illa

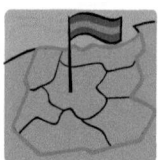

lotso

nació

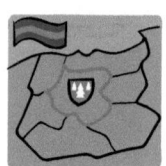

boemo

estat

lentle la tshupanako

quadrant

letsogo la ura

agulla de les hores

letsogo la metsotso

agulla dels minuts

letsogo la metsotswana

agulla dels segons

ke nako mang?

Quina hora és?

letsatsi

dia

nako

temps

go ne jaanong

ara

tshupanako ya dijithale

rellotge digital

metsotso

minut

ura

hora

setmana

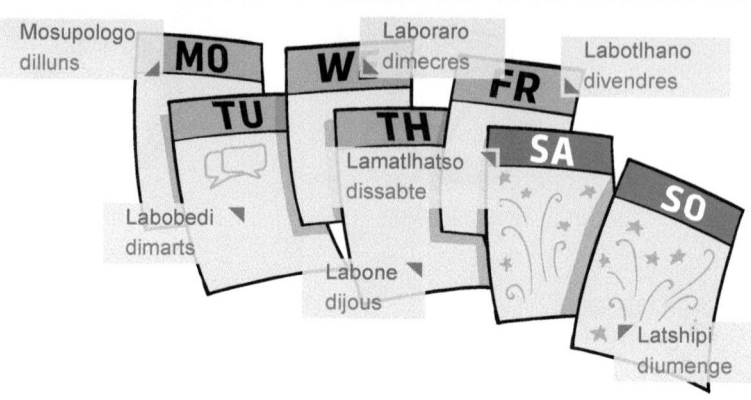

Mosupologo dilluns — MO
Laboraro dimecres — W
Labotlhano divendres — FR
Labobedi dimarts — TU
Lamatlhatso dissabte — TH
Labone dijous
Latshipi diumenge — SO

maabane

ahir

gompieno

avui

kamoso

demà

moso

matí

thapama

migdia

maitseboa

tarda

malatsi a tiro

dia feiner

mafelo a beke

cap de setmana

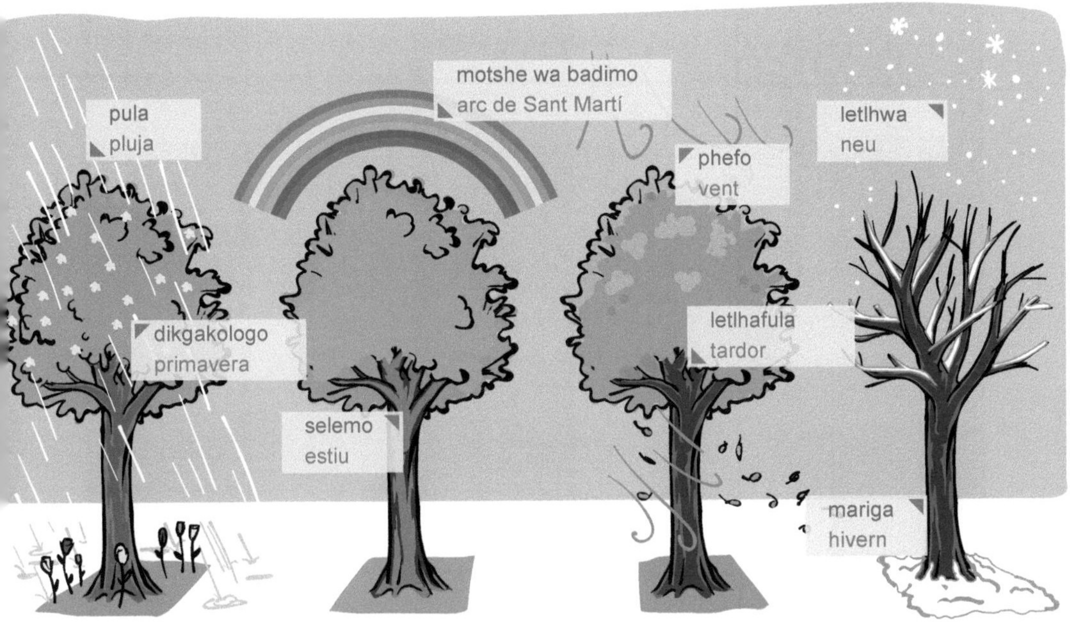

pula
pluja

motshe wa badimo
arc de Sant Martí

phefo
vent

letlhwa
neu

dikgakologo
primavera

letlhafula
tardor

selemo
estiu

mariga
hivern

4.APRIL 11°
5.APRIL 4°
6.APRIL 13°
7.APRIL 8°
8.APRIL 10°

botsogo jwa loapi

pronòstic del temps

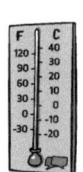

themomithara

termòmetre

letsatsi

llum del sol

leru

núvol

mouwane

boira

humidity

humiditat de l'aire

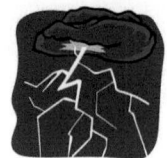

legadima

llamp

modumo wa maru

tro

matsubutsubu

tempesta

sefako

calamarsa

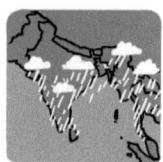

monsoon

monsó

morwalela

inundació

aese

gel

Ferikgong

gener

Tlhakole

febrer

Mopitlwe

març

Moranang

abril

Motsheganong

maig

Seetebosigo

juny

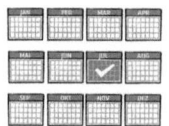

Phukwi

juliol

Phatwe

agost

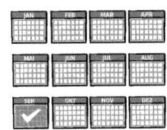

Lwetse

setembre

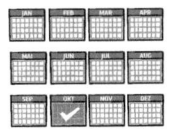

Diphalane

octubre

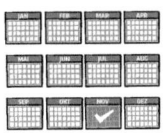

Ngwanaatsele

novembre

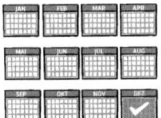

Sedimonthole

desembre

formes

kgolokwe

cercle

khutlonne

quadrat

khutlonnetsepa

rectangle

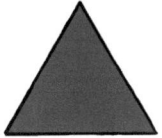

khutlotharo

triangle

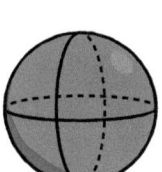

khutlo

esfera

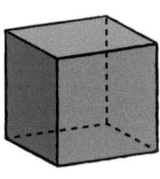

khiubu

cub

tshweu

blanc

serolwana

groc

mmala wa namune

taronja

pinki

rosa

khibidu

vermell

bohibidu jo bo mokgona

lila

pududu

blau

tala

verd

tshetlha

marró

tshetlha

gris

ntsho

negre

go le gontsi / go nnye

molt / poc

go kwata / go ritibala

emprenyat / tranquil

montle / maswe

bonic / lleig

tshimologo / bofelo

començament / fi

tonna / nnyane

gran / petit

lesedi / lefifi

clar / fosc

abuti / ausi

germà / germana

phepa / leswe

net / brut

feletse / go sa felela

complet / incomplet

motshegare / bosigo

dia / nit

o sule / o a tshela

mort / viu

bophara / tshesane

ample / estret

ya jega / ga e jege

comestible / immenjable

bosula / molemo

dolent / amable

go itumela thata / go se itumele

entusiasmat / entediat

nonne / tshesane

gros / prim

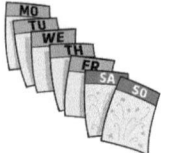

ntlha / bofelo

primer / darrer

tsala / sera

amic / enemic

tletse / lolea

ple / buit

thata / bonolo

dur / tou

bokete / motlhofo

pesant / lleuger

tlala / lenyora

gana / set

lwala / itekanetse

malalt / sà

dumelesega / dumeletswe

il·legal / legal

botlhale / sematla

intel·ligent / ximple

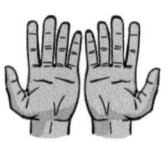

molema / moja

esquerra / dreta

gaufi / kgakala

prop / llunyà

sesha / ya kgale

nou / usat

sepe / sengwe

res / quelcom

mogolo / mosha

vell / jove

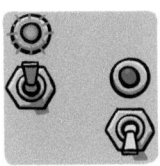

tsenya / tima

encès / apagat

bula / tswetswe

obert / tancat

tidimalo / modumo

silenciós / sorollós

khumo / lehuma

ric / pobre

siame / phoso

correcte / incorrecte

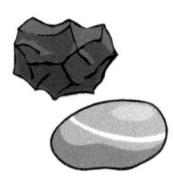

ditlhotlhori / borethe

aspre / suau

hutsafetse / itumetse

trist / content

khutshwane / telele

curt / llarg

bonya / bonako

lent / ràpid

metsi / omile

humit / sec - eixut

mololo / tsididi

calent / fred

ntwa / kagiso

guerra / pau

ganetsa - oposats

87

nombres

0
lefela
zero

1
nngwe
u

2
pedi
dos

3
tharo
tres

4
nne
quatre

5
tlhano
cinc

6
thataro
sis

7
supa
set

8
robedi
vuit

9
robonngwe
nou

10
lesome
deu

11
some nngwe
onze

12

some pedi

dotze

13

some tharo

tretze

14

some nne

catorze

15

some tlhano

quinze

16

some thataro

setze

17

some supa

disset

18

some robedi

divuit

19

some robonngwe

dinou

20

masomamabedi

vint

100

lekgolo

cent

1.000

sekete

mil

1.000.000

milione

milió

Sejatlhapi

anglès

Sejatlhapi sa Amerika

anglès americà

se-China

xinès mandarí

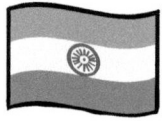

se-Hindi

hindi

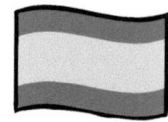

se-Spanish

espanyol

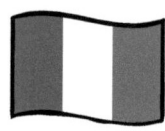

se-For a

francès

se-Araba

àrab

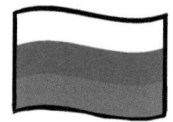

se-Russia

rus

se-Potokisi

portuguès

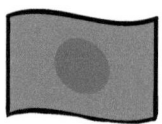

se-Bengali

bengalí

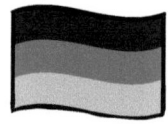

se-Jeremane

alemany

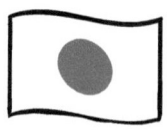

se-Japane

japonès

Nna

jo

wena

tu

ene / ene / sone

ell / ella / allò

re

nosaltres

wena

vosaltres

bone

ells

mang?

qui?

eng?

què?

jang?

com?

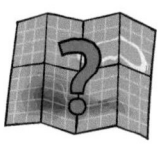

kae?

on?

leng?

quan?

leina

nom

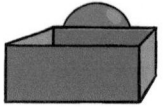

mo morago

darrere

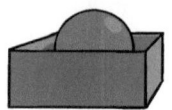

mo

en

fa pele ga

davant de

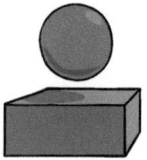

godimo

damunt

mo

sobre

fa tlase

sota

mo thoko

al costat

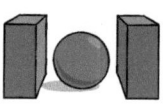

magareng

entre

lefelo

lloc